Mandala

Mandala

Marisa Mesina

Número de Control de la Biblioteca del Congreso de EE. UU.:		2017912963
ISBN:	Tapa Blanda	978-1-5065-2172-5
	Libro Electrónico	978-1-5065-2173-2

Información de la imprenta disponible en la última página.

Fecha de revisión: 24/08/2017

Para realizar pedidos de este libro, contacte con:
Palibrio
1663 Liberty Drive
Suite 200
Bloomington, IN 47403
Gratis desde EE. UU. al 877.407.5847
Gratis desde México al 01.800.288.2243
Gratis desde España al 900.866.949
Desde otro país al +1.812.671.9757
Fax: 01.812.355.1576
ventas@palibrio.com
765823

LOS MANDALAS

Círculos, círculos y más círculos. La por eso se dice que son círculos la meditación profunda. Al también los colores. Los tu vida vendrán a ti cuales son porque te tu yo interior te dirá mandala, obsérvalo, profundidades y a través de los adentro hacia afuera afuera hacia adentro. de colorearlo, podrás mientras se colorean los inadvertida, que permite quienes lo practican. Esta la vida en movimiento, a que te vida de colores.

vida se expande como los mandalas, de vida. Son una invitación a elegir un mandala, elige colores que necesita sin esfuerzo. Sabrás llamarán la atención y que esos son. Toma el mira sus formas y descubre sus secretos colores. Coloréalo de o si lo prefieres, de Cuando termines empezar otro. Meditar mandalas es una práctica profunda relajación a es una invitación a disfrutar des un respiro mientras pintas la

Dedicado a Memo, Miki y Alex.
Ellos me inspiran.
Les amo.

Gracias a Memo, Rafa, Pedro y Francisca,
por su invaluable apoyo para concretar esta idea en papel.

MANDALA

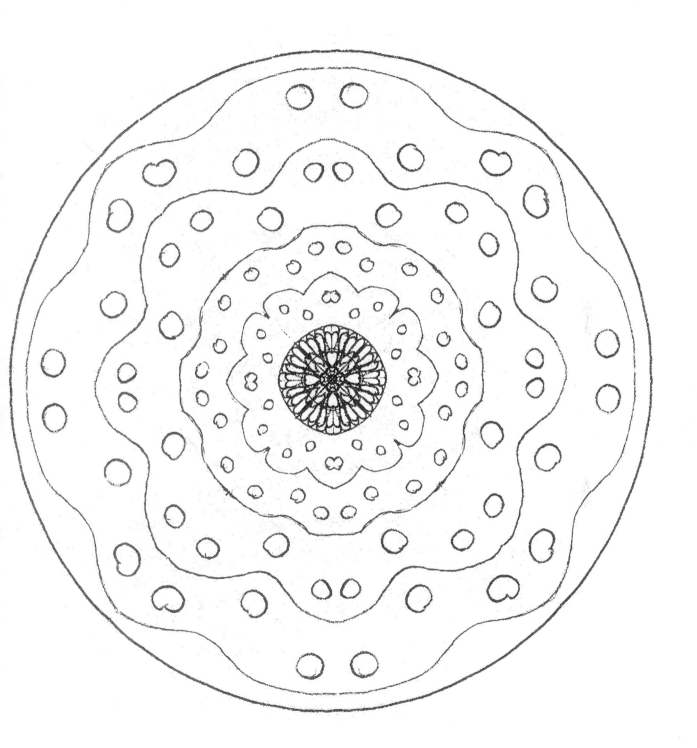

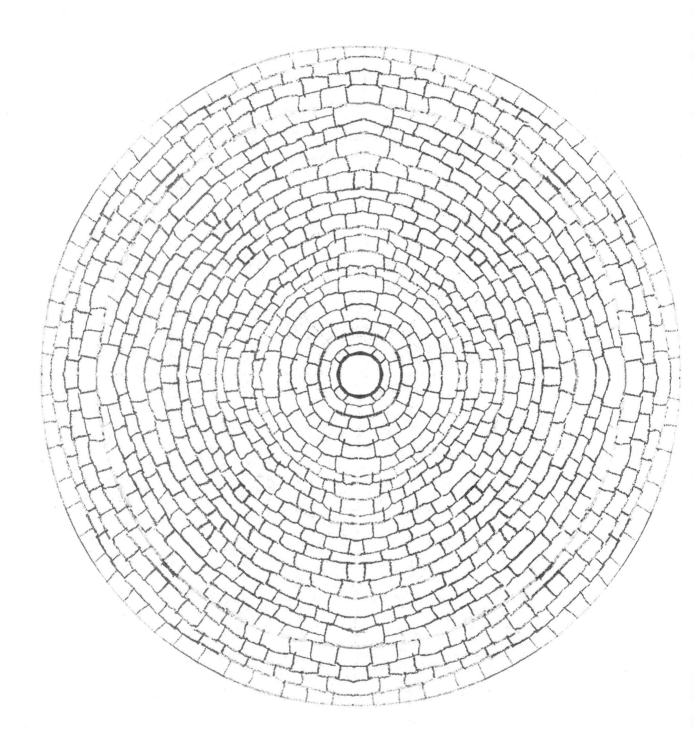

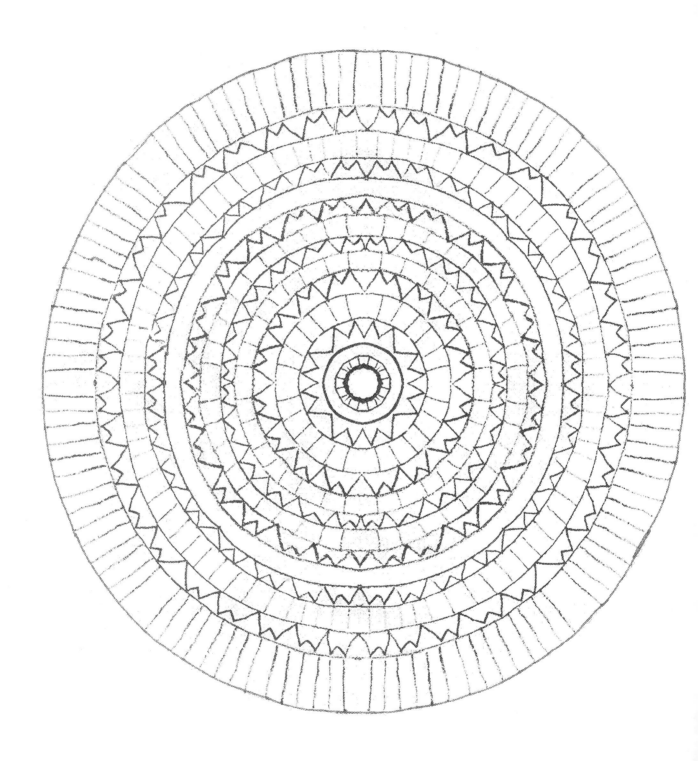

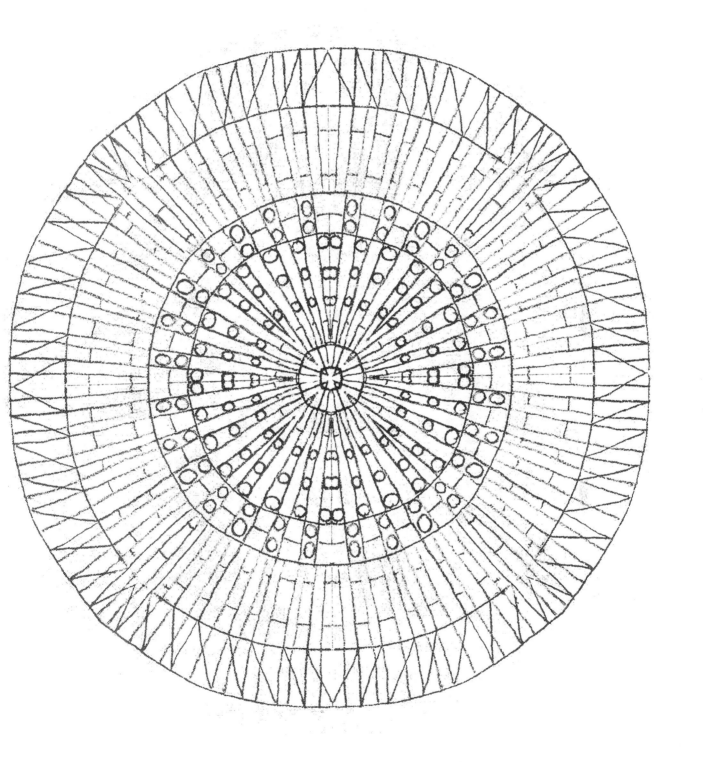

Printed in the United States
By Bookmasters